Amina Asfahani

„Tischlein deck dich"

Band 4:
Einfache Blechkuchen und Kleingebäck –
Backen in der Förderschule

Ideen für die Praxis

Gedruckt auf umweltbewusst gefertigtem, chlorfrei gebleichtem
und alterungsbeständigem Papier.

1. Auflage 2011
Nach den seit 2006 amtlich gültigen Regelungen der deutschen Rechtschreibung
© by Brigg Pädagogik Verlag GmbH, Augsburg
Alle Rechte vorbehalten.
Das Werk und seine Teile sind urheberrechtlich geschützt. Jede Nutzung in anderen als den
gesetzlich zugelassenen Fällen bedarf der vorherigen schriftlichen Einwilligung des Verlages.
Hinweis zu § 52a UrhG: Weder das Werk noch seine Teile dürfen ohne eine solche Einwilligung
eingescannt und in ein Netzwerk eingestellt werden. Dies gilt auch für Intranets von Schulen
und sonstigen Bildungseinrichtungen.
Fotos: M. Nader Asfahani

ISBN 978-3-87101-761-2   www.brigg-paedagogik.de

Inhalt

Vorwort: Was dieser Band enthält 4

Kaffeegeschirr und Backzubehör

Kaffeegeschirr 5
Backzubehör 6

Tipps rund um die Küche

Verpackungen öffnen 9
Zutaten aufbewahren 10
Frischetest für Eier 10
Eier trennen 11

Messen und wiegen

Messen mit dem Messbecher 12
Messen mit Tasse, Becher und Löffel 13
Abwiegen mit der elektrischen Waage 14
Abwiegen mit der mechanischen Waage 14

Wissenswertes rund um das Backen

Arbeiten mit dem Handrührgerät 15
Die Garprobe durchführen 16
Sahne und Eischnee steif schlagen 17
Einsatz der Sahnepresse 18
Blechkuchen schneiden und servieren 19

Blechkuchen backen

Ananas-Kokoskuchen mit Baiser 20
Apfel-Kirschkuchen 25
Bienenstich 30
Johannisbeerkuchen 35

Kleingebäck backen

Gefüllte Miniwindbeutel 40
Eclairs 45
Grießschnitten mit Datteln 47
Blaubeermuffins 52
Butterringe 56
Marzipanplätzchen 58
Kokosmakronen 61
Nussmakronen 64
Baiserplätzchen 66
Schokoladenhippe 68
Rosinentaler 72
Teigtaschen mit Pfirsichfüllung 74
Sahnewaffeln 78

Vorwort: Was dieser Band enthält

Vor Ihnen liegt der vierte Band der Reihe „Tischlein deck dich – nach Fotos". Die Bände 1 und 2 enthalten alles **Wissenswerte rund um das Kochen** (z. B. Geschirr, Geräte, der richtige Umgang mit Lebensmitteln, Sicherheit am Herd, Vorbereitungsschritte) sowie eine Fülle **deftiger und süßer Alltagsrezepte**, die zum Nachkochen einladen. So werden Ihre Schülerinnen und Schüler – auch wenn sie sich beim Lesen schwertun – fit für die Küche.

Aufgefrischt: Backzubehör, wertvolle Tipps und Vorbereitungsabläufe

Die Bände 3 und 4 dieser bewährten Reihe widmen sich dem Thema **Backen in der Förderschule**.
Mit Band 3 der „Tischlein deck dich-Reihe", der die Anleitung für **einfache Kuchen und Torten** enthält, haben wir bei Ihren Schülerinnen und Schülern hoffentlich das Backfieber entfacht. Im vorliegenden **Band 4** werden analog zum ersten Backbuch vorab wichtige Informationen aufgegriffen, wie zum Beispiel die Bestandteile des **Kaffeegeschirrs** oder alle notwendigen **Backutensilien**. Weiterhin dürfen **Tipps** zum Öffnen von Verpackungen und zur Aufbewahrung von Zutaten nicht fehlen.
Da gerade beim Backen eine exakte Dosierung der Zutaten erforderlich ist, wurden auch die Hinweise zum **Messen** und **Wiegen** wieder aufgenommen. Nicht zuletzt wiederholen sich bei der Zubereitung von Backwaren **bestimmte Arbeitsabläufe**, dazu gehören u. a. Sahne und Eiweiß steif schlagen, Eier testen und trennen, die Garprobe durchführen oder sicher mit dem Handrührgerät umgehen.
Diese Vorgänge sind im vorderen Teil nachzuschlagen und in den Rezepten über das **Buchsymbol** verankert.

Blechkuchen: Für jeden etwas dabei

Das Besondere an der Reihe „Tischlein deck dich – nach Fotos" ist die Beschreibung der Zubereitung von Gerichten oder Backwaren in **Einzelschritten mit Text und Bild**. Dieses Prinzip kommt vor allem leseschwachen Schülerinnen und Schülern zugute. Anhand einfacher Rezepte kann so der **sichere Umgang mit Zutaten und Geräten** geübt werden. Wenn als **Ergebnis** dabei auch noch ein **feiner Kuchen** herauskommt, hat sich der Aufwand mit Sicherheit gelohnt!
Die in diesem Backbuch enthaltenen Kuchen- und Gebäckrezepte sind einladend und ansprechend. Gerade Blechkuchen bieten viele Vorteile: Sie lassen sich – im Vergleich zu Torten – relativ schnell zubereiten, sie sind variationsreich zu belegen und es steht am Ende immer eine gut kalkulierbare Menge an fertigem Kuchen zur Verfügung.

Backen aus Leidenschaft: Kleine Köstlichkeiten

Für verschiedene Anlässe (z. B. in der Vorweihnachtszeit, für Geburtstage oder als schmackhaftes Mitbringsel) erweist sich die Zubereitung von Kleingebäck als sinnvoll. Hierfür enthält der hintere Teil der vorliegenden Sammlung eine abwechslungsreiche Auswahl. Bei der Vorstellung der praxiserprobten Rezepte wird schnell klar, dass das Backen von Plätzchen, Muffins oder gefüllten Teigwaren genaues Arbeiten erfordert. Dies beginnt bei der exakten Abmessung der Zutaten, geht über die richtige Teigportionierung und endet beim Verzieren und Servieren der fertigen Gebäckteile.
Ganz egal, für welches Rezept Sie sich zuerst entscheiden – wir wünschen Ihren Schülerinnen und Schülern einen großen Lernerfolg, aber vor allem viel Spaß und gutes Gelingen!

Amina Asfahani

Kaffeegeschirr und Backzubehör

Kaffeegeschirr

Einfaches Kaffeegedeck

Kuchenteller

Kaffeetasse mit Untertasse (Unterteller)

Milchkännchen

Zuckerdose

Teeglas

Kuchengabel

Teelöffel

Messer

Servietten

Tortenheber

Tortenplatte

Backzubehör (1)

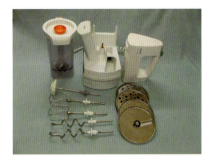
Handrührgerät mit Zubehör

Pürierstab

Springform mit flachem Boden und Napfkuchenboden

Napfkuchenform

Keramikbackform und Metallbackform für Obsttortenböden

Muffins-Backform

Kastenform

Ausstechformen für Plätzchen und Dekorationen

Backblech

Kurzzeitmesser zum Überwachen der Koch- oder Backzeit

Messbecher

Litermaß

Backzubehör (2)

 Rührschüssel

 Rührbecher

 Schneebesen

 Teigschaber

 Backpinsel

 Nudelholz

 Spieß

 Schere

 Kuchenretter

 Gebäckzange

 Backofenrost

 Abkühlgitter

Backzubehör (3)

Untersetzer

Ofenhandschuhe

Topflappen

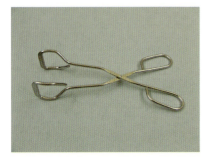
Metallzange

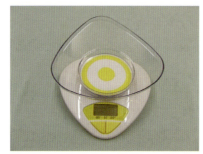
Elektrische Küchenwaage

Mechanische Küchenwaage

Deckelöffner

Deckelheber

Flaschenöffner

Dosenöffner

Teigrad

Abdeckhaube für Tortenplatten

Tipps rund um die Küche

Verpackungen öffnen

Verpackungen öffnen

Packungen oder Becher mit Flüssigkeiten (z. B. Sahne) werden vor dem Öffnen geschüttelt. Man stellt sie auf eine feste Unterlage und schneidet sie danach mit der Schere auf. Wird der gesamte Inhalt benötigt, schneidet man die ganze Lasche, sonst nur eine Ecke ab.

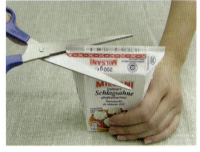

1. Öffnen von Flüssigkeitsverpackungen: Seitliche Laschen hochziehen.
2. Lasche mit der Schere abschneiden oder …
3. … eine Ecke der Lasche abschneiden.

1. Öffnen von Bechern oder Packungen, die mit Aludeckeln verschlossen sind.
2. Lasche hochziehen.
3. Deckel abziehen.

1. Öffnen von Papiertütchen oder Plastikbeuteln: Das Päckchen am oberen Ende festhalten und etwas schütteln, sodass sich der Inhalt im unteren Teil sammelt.
2. Wenn der ganze Inhalt benötigt wird, wird das Päckchen oben komplett mit einer Schere aufgeschnitten.
3. Falls von einer Zutat nur ein Teil gebraucht wird, schneidet man die Verpackung an einer Ecke auf und verschließt sie später mit einer Klammer.

Tipps rund um die Küche

Zutaten aufbewahren

Viele trockene Zutaten werden in Plastiktüten angeboten. Oft braucht man beim Kochen oder Backen nur einen Teil der gesamten Menge. Dazu schneidet man am besten eine Ecke von der Plastiktüte ab, entnimmt die gewünschte Menge und verschließt die Tüte mit einer Klammer.

1. Eine Ecke der Plastiktüte abschneiden und die gewünschte Menge entnehmen.

2. Falls die Verpackung stark beschädigt ist, wird der Inhalt in einen Plastikbeutel umgefüllt.

3. Beim Verschließen sollte die Klammer möglichst nahe am Inhalt angesetzt werden.

4. Dann die Klammer zusammendrücken. So bleiben die Zutaten länger frisch und trocken.

5. Diese Methode kann auch bei kleinen Verpackungen bzw. Tüten (z. B. Hefe, Vanillezucker, Backpulver) angewendet werden.

Frischetest für Eier

Bevor ein Ei bei der Zubereitung von Gerichten oder Kuchenteigen zu den anderen Zutaten gegeben wird, sollte ein Frischetest durchgeführt werden.

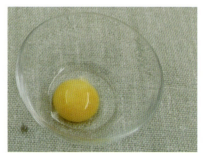

1. Das Ei am Rand einer Schale aufschlagen.

2. Die Eierschale vorsichtig aufbrechen und das Ei in die Schale geben.

3. Das Ei ist frisch, wenn es kegelförmig bleibt und einen neutralen Geruch hat. Ein verdorbenes Ei zerfließt und verströmt einen üblen Faulgeruch.

Eier trennen (2 Methoden)

Methode 1:

1. Das Ei an der Kante einer Schale aufschlagen.
2. Die Eierschale vorsichtig aufbrechen.
3. Das Eiweiß langsam in die Schale laufen lassen.

4. Das Eigelb in die zweite Hälfte der Eierschale geben, damit das restliche Eiweiß auslaufen kann.
5. Das Eigelb in eine saubere Schale geben.
6. Das Eiweiß und das Eigelb befinden sich nun in getrennten Schalen.

Methode 2:

1. Ein kleines Sieb auf eine Schale geben.
2. Das Ei an der Kante einer Schale aufschlagen.
3. Die Schale vorsichtig aufbrechen und das Ei in das Sieb laufen lassen.

4. Das Eiweiß langsam in die Schale laufen lassen. Das Eigelb wird mit einem Messer zurückgehalten.
5. Das Eigelb in eine saubere Schale geben.
6. Das Eiweiß und das Eigelb befinden sich nun in getrennten Schalen.

Messen und wiegen

Messen mit dem Messbecher

Für das Abmessen von Flüssigkeiten (z. B. Wasser, Milch, Sahne) wird ein Messbecher eingesetzt. Die benötigte Flüssigkeitsmenge kann aber auch mit einem Sahnebecher bestimmt werden. Nachfolgend sind die Flüssigkeitsmengen in einem Messbecher und in Sahnebechern gegenübergestellt.

Die Menge in einem Messbecher

Flüssigkeitsmengen in Sahnebechern (200 g) gemessen:

Ein achtel Liter: 1/8 l
1/8 l = 125 ml

Der Inhalt eines **halben** Sahnebechers entspricht **100 ml** Flüssigkeit.

Ein viertel Liter: 1/4 l
1/4 l = 250 ml

Der Inhalt eines **ganzen** Sahnebechers entspricht **200 ml** Flüssigkeit.

Ein halber Liter: 1/2 l
1/2 l = 500 ml

Der Inhalt von **zwei** Sahnebechern entspricht **400 ml** Flüssigkeit.

Drei viertel Liter: 3/4 l
3/4 l = 750 ml

Der Inhalt von **drei** Sahnebechern entspricht **600 ml** Flüssigkeit.

Ein Liter: 1 l
1 l = 1000 ml

Der Inhalt von **vier** Sahnebechern entspricht **800 ml** Flüssigkeit.

Messen mit Tasse, Becher und Löffel

In den nachfolgenden Rezepten werden verschiedene Mess- und Abwiegemethoden eingesetzt. Für größere Mengen empfiehlt sich der Gebrauch einer Waage, während kleinere Mengen (z. B. Zucker, Mehl) mit einem Teelöffel (TL) oder einem Esslöffel (EL) abgemessen werden. Statt einer Waage können auch Tassen oder Becher zur Bestimmung der gewünschten Menge eingesetzt werden.

1 Kaffeetasse entspricht bei diesem Füllstand ca. 130 g. Ist sie dagegen randvoll gefüllt, enthält sie 150 g feste Zutaten oder 150 ml Flüssigkeit.

1 großer Kaffeebecher enthält ca. 250 g.

Die Füllung eines Sahnebechers entspricht 200 g.

1 gehäufter Esslöffel (EL) umfasst ca. 15 g, das sind ca. 15 ml.

1 gestrichener Esslöffel (EL) entspricht etwas weniger als 15 g.

1 Teelöffel (TL) ergibt ca. 5 g, das sind ca. 5 ml.

Maßtabelle (alle Angaben sind Durchschnittswerte)			
	Teelöffel (TL)	**Esslöffel (EL)**	**Tasse**
Backpulver	3 g	–	–
Butter	4 g	12 g	100 g
Mehl	4 g	11 g	75 g
Salz	6 g	16 g	–
Zucker	4 g	15 g	130 g
Gewürze in Pulverform	4 g	9 g	–
Gewürze in Samenform	–	4 g	–
Paniermehl	–	10 g	150 g
Reis	–	–	150 g

Messen und wiegen

Abwiegen mit der elektrischen Waage

Eine elektrische Waage wiegt sowohl das verwendete Gefäß als auch die benötigten Zutaten. Um die genaue Zutatenmenge abzuwiegen, geht man am besten wie nachfolgend beschrieben vor:

① Eine Schale auf die Waage stellen.

② Die Waage einschalten.

③ Die Zutaten in die Schale geben und auf der Anzeige das Erreichen der gewünschten Menge beobachten.

Abwiegen mit der mechanischen Waage

Eine mechanische Waage wiegt sowohl das verwendete Gefäß als auch die benötigten Zutaten. Um die genaue Zutatenmenge abzuwiegen, geht man am besten wie nachfolgend beschrieben vor:

① Eine Schale oder ein Gefäß auf die Waage stellen.

② Das Einstellrad im hinteren Bereich der Waage auf „Null" stellen.

③ Die benötigte Zutatenmenge in die Schale einwiegen. Dabei muss die Messskala beobachtet werden.

Wissenswertes rund um das Backen

Arbeiten mit dem Handrührgerät

Handrührgerät mit Zubehör

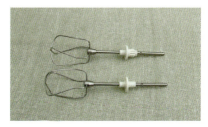

Rührhaken werden für flüssige und weiche Zutaten (z. B. Eier) verwendet.

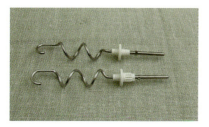

Knethaken werden zum Mischen bzw. Kneten einer festen Masse (Teig) eingesetzt.

❶ Vor dem Einsatz des Gerätes werden die passenden Haken in die dafür vorgesehenen Löcher eingesetzt.

❷ Beim Einstecken der Haken wird das Einrasten durch ein „Klicken" bestätigt.

❸ Nun kann der Netzstecker des Gerätes in die Steckdose gesteckt werden.

❹ Die Rühr- oder Knethaken in den Rührbecher stecken und dann erst das Gerät anschalten.

❺ Zunächst wird die kleinste Stufe eingestellt, nach und nach kann die Geschwindigkeit erhöht werden.

❻ Wenn der Rührvorgang abgeschlossen ist, wird der Schalter auf „0" gestellt.

❼ Die Rührhaken werden durch das Drücken des vorderen Knopfes freigegeben.

❽ Am Schluss wird der Netzstecker aus der Steckdose herausgezogen.

❾ Den Stecker niemals am Kabel herausziehen, sonst lösen sich mit der Zeit die Drähte im Inneren des Steckers.

Die Garprobe durchführen

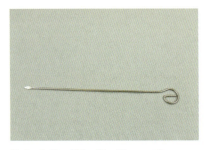

Zubehör: Für die Garprobe wird ein Metallspieß eingesetzt.

① Den Kuchen nach angegebener Backzeit auf dem Rost aus dem Backofen herausziehen, …

② … mit dem Metallspieß in den Kuchen stechen …

③ … und das Metallstäbchen langsam herausziehen.

④ Wenn keine klebrigen Teigreste am Stäbchen sichtbar sind, ist der Kuchen gar.

⑤ Klebt noch zähflüssiger Teig am Spieß, ist der Kuchen noch nicht fertig gebacken.

⑥ Den Kuchen wieder in den Backofen schieben, …

⑦ … die Backofentür schließen …

⑧ … und weitere 10 Minuten backen.

⑨ Den Kuchen für die zweite Garprobe aus dem Backofen ziehen, mit dem Metallstäbchen in die Mitte des Kuchens stechen.

⑩ Den Metallspieß herausziehen: Es hängen keine klebrigen Teigreste mehr am Stäbchen. Jetzt ist der Kuchen gar.

Sahne und Eischnee steif schlagen

Benötigtes Zubehör:
1 Handrührgerät
1 Rührbecher

Sahne/Eiweiß: Menge nach Rezept

Sahne steif schlagen

① Die flüssige Sahne in den Rührbecher geben.

② 1 Teelöffel Zucker dazugeben.

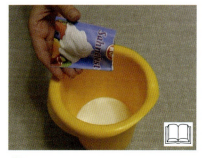

③ 1 Päckchen Sahnesteif dazugeben, damit die Sahne schnell fest wird.

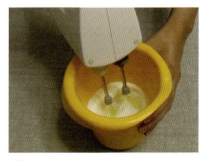

④ Die Rührhaken in den Rührbecher stecken und das Gerät auf die kleinste Stufe stellen.

⑤ Nach und nach die Drehzahl des Rührgerätes erhöhen, bis die Sahne fest ist. (Vorsicht: nicht zu lange rühren!)

⑥ Die Sahne in eine Servierschale geben und servieren oder, wie im Rezept beschrieben, weiterverarbeiten.

Eischnee herstellen

① Das Eiweiß vom Eigelb trennen und in einen Rührbecher geben.

② Das Handrührgerät mit den Rührhaken in den Rührbecher stecken und auf die kleinste Stufe stellen. Die Drehzahl erhöhen, bis das Eiweiß steif ist. Den Eischnee je nach Rezept weiterverarbeiten.

Einsatz der Sahnepresse

Die Sahnepresse und ihr Zubehör:

links: zerlegte Sahnepresse
rechts: zusammengesetzte Sahnepresse

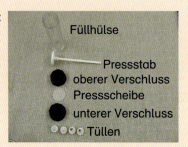
Füllhülse
Pressstab
oberer Verschluss
Pressscheibe
unterer Verschluss
Tüllen

Vor dem Einsatz der Sahnepresse sollte sie gründlich gereinigt und trocken sein. Nach dem unten beschriebenen Zusammenbau wird sie gefüllt und kann zur Tortendekoration verwendet werden.

So wird es gemacht:

① Den oberen Verschluss mit der flachen Seite auf den Pressstab stecken, ...

② ... die Pressscheibe an der Spitze des Stabes anbringen ...

③ ... und den Stab anschließend in die Füllhülse schieben.

④ Den oberen, am Stab aufgesetzten Verschluss durch schrauben mit der Hülse verbinden.

⑤ Eine Tülle auswählen und auf den unteren Verschluss schrauben.

⑥ Die geschlagene Sahne mit einem Teelöffel in die Presse einfüllen.

⑦ Überschüssige Sahne an der Außenseite der Hülse mit einem Küchentuch entfernen.

⑧ Den unteren Verschluss auf die offene Seite der Hülse schrauben.

⑨ Den Pressstab nach unten drücken. Mit der durch die Tülle gepressten Sahne kann die Torte verziert werden.

Blechkuchen schneiden und servieren

Benötigtes Zubehör:

1 Tortenheber
1 Teigrad (Schneidrad)
1 großes Messer

So wird es gemacht:

① Das Kuchenblech aus dem Backofen nehmen, ...

② ... auf ein Kühlgitter stellen und abkühlen lassen.

③ Mit einem Messer ringsherum den Kuchen vom Backblechrand lösen.

④ Mit einem großen Messer oder einem Teigrad den Kuchen in Streifen schneiden.

⑤ Anschließend das Backblech drehen und wieder Streifen schneiden, sodass sich Stücke ergeben.

⑥ Die einzelnen Kuchenstücke mit einem Tortenheber vom Blechboden lösen ...

⑦ ... und mithilfe eines Messers auf einer Servierplatte ablegen.

⑧ So kann der Kuchen in einzelnen Stücken serviert werden.

Blechkuchen backen

Ananas-Kokoskuchen mit Baiser

Zutaten:
250 g Magerquark
400 g Mehl
150 g Zucker
1/8 Liter Speiseöl
1 Päckchen Backpulver
1 Ei
25 ml Milch
(ca. 5 Esslöffel)
125 g Kokosnussraspel

Belag
2 Dosen Ananasringe
100 g Zucker
75 g Kokosnussraspel
4 Eier
1 Päckchen Puddingpulver (Vanille)
1/4 Liter Milch
2 Päckchen Vanillezucker
75 g Kokosnussraspel

250 g Magerquark

400 g Mehl

150 g Zucker

1/8 Liter Speiseöl

1 Päckchen Backpulver

1 Ei

25 ml Milch

125 g Kokosnussraspel

2 Dosen Ananasringe

100 g Zucker

75 g Kokosnussraspel

4 Eier

1 Päckchen Puddingpulver (Vanille)

1/4 Liter Milch

2 Päckchen Vanillezucker

75 g Kokosnussraspel

So wird es gemacht:

① Beide Dosen mit den Ananasringen öffnen …

② … und den Deckel mit einer Gabel vorsichtig anheben.

③ Den Doseninhalt in ein Sieb geben und über einer Schüssel abtropfen lassen.

④ Das Ei aufschlagen und in eine kleine Schale geben.

⑤ Das Backpulvertütchen aufschneiden und den Inhalt zum abgewogenen Mehl geben.

⑥ Die Mehlmischung in eine Rührschüssel geben, …

⑦ … 150 g Zucker dazugeben, …

⑧ … 125 g Kokosnussraspel hinzufügen …

⑨ … und alles mit einem Löffel gut vermengen.

⑩ Den Quark (250 g) zur Mehlmischung geben, …

⑪ … das Ei hinzufügen, …

⑫ … schließlich die Milch dazugießen.

Blechkuchen backen

13 Das abgemessene Speiseöl (1/4 l) dazugießen ...

14 ... und alles mit dem Handrührgerät (Knethaken) einige Minuten gut verrühren.

15 Den Kuchenteig mit der Hand nochmals gut durchkneten.

16 Den Backofen auf 170 °C vorheizen.

17 Ein tiefes Backblech gründlich mit Butter oder Margarine einfetten (auch die Ränder).

18 Den Kuchenteig auf das Backblech geben und mit der Handfläche von der Mitte nach außen verteilen, ...

19 ... bis der Backblechboden vollständig und gleichmäßig mit dem Teig bedeckt ist.

20 Für den Belag 2 Eier einzeln aufschlagen, jeweils das Eiweiß vom Eigelb trennen und beiseitestellen.

21 Die verbleibenden 2 Eier aufschlagen und zusammen in eine Schale geben.

22 100 g Zucker in eine Rührschüssel geben, ...

23 ... 75 g Kokosnussraspel zum Zucker geben, ...

24 ... anschließend das Tütchen mit dem Vanillepuddingpulver aufschneiden und zur Zuckermischung geben.

Ananas-Kokoskuchen mit Baiser

25 Die beiden nicht getrennten Eier zur Zuckermischung geben, ...

26 ... dann das Eigelb der getrennten Eier dazugeben ...

27 ... und mit dem Handrührgerät (Rührhaken) ein paar Minuten gut verrühren.

28 Nach und nach 1/4 Liter Milch zur Zuckermasse geben und gut verrühren.

29 Die Zuckermasse auf dem ausgelegten Kuchenteig verteilen.

30 Die abgetropften Ananasringe darauflegen, ...

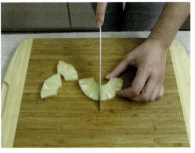

31 ... die restlichen Ananasfrüchte in Stücke schneiden ...

32 ... und zwischen den Ananasringen auf dem Blech verteilen.

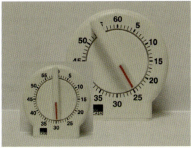

33 Das Backblech in den vorgeheizten Backofen schieben ...

34 ... und 25 bis 30 Minuten backen.

35 5 Minuten vor dem Ende der Backzeit das beiseitegestellte Eiweiß in einen Rührbecher geben ...

Blechkuchen backen

36 … und mit dem Handrührgerät steif schlagen.

37 Während des Rührvorgangs den Vanillezucker hineinrieseln lassen.

38 75 g Kokosnussraspel dazugeben und kurz rühren.

39 Das Backblech aus dem Backofen nehmen, auf eine feuerfeste Unterlage stellen und kurz abkühlen lassen.

40 Die Baisermasse mit einem Teelöffel in die Ananasringe füllen.

41 Anschließend den Kuchen nochmals in den Backofen schieben.

42 Die Backtemperatur auf 150 °C reduzieren und den Kuchen 7 bis 10 Minuten weiterbacken, bis die Baisermasse fest ist.

43 Den Kuchen aus dem Backofen nehmen, auf eine feuerfeste Unterlage stellen und abkühlen lassen.

44 Den Backofen ausschalten.

45 Den Kuchen mit einem Teigrad oder einem großen Messer in viereckige Stücke schneiden, …

46 … mit einem Tortenheber vom Blech nehmen, …

47 … auf einer Servierschale oder -platte anrichten und anschließend servieren.

Apfel-Kirschkuchen

Zutaten:

1 kg frische Kirschen (beliebige Sorte)
3 Äpfel
300 g Mehl
150 g Zucker
150 g Butter oder Margarine
1 Päckchen Vanillezucker
1 Päckchen Backpulver
4 Eier
50 g gemahlene Mandeln
1 Päckchen Tortenguss (klar)
(Hinweise auf der Packung beachten)
1/4 Liter kaltes Wasser

Zubehör:

Zum Entsteinen der Kirschen wird ein Entsteiner benötigt.

1 kg frische Kirschen

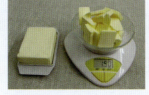
3 Äpfel

300 g Mehl

150 g Zucker

150 g Butter

1 Päckchen Vanillezucker

1 Päckchen Backpulver

4 Eier

50 g gemahlene Mandeln

1 Päckchen Tortenguss (klar)

1/4 Liter Wasser

So wird es gemacht:

① Die Kirschen gründlich waschen und die Stiele entfernen.

② Zum Entsteinen die Kirschen einzeln in den Entsteiner setzen und den oberen Hebel vorsichtig nach unten drücken, ...

③ ... dabei schiebt der Metalldorn den Stein aus der Kirsche heraus.

Blechkuchen backen

4 Die entsteinten Kirschen in eine Schale geben und beiseitestellen.

5 Den Backofen auf 160 °C vorheizen.

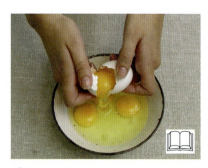
6 Die Eier einzeln aufschlagen und komplett in eine Schale geben.

7 Das Backpulverpäckchen aufschneiden, den Inhalt zum Mehl geben und beides gut vermengen.

8 Den Vanillezucker zum Zucker geben und gut vermischen.

9 Die Butter in eine Rührschüssel geben ...

10 ... und mit dem Handrührgerät cremig rühren.

11 Die Zuckermischung zur Butter geben und ca. 1 Minute rühren, ...

12 ... dann die Eier nach und nach dazugeben ...

13 ... und alles gut verrühren.

14 Die gemahlenen Mandeln zur Buttereiermasse geben und langsam einrühren, ...

15 ... dann die Mehlmischung löffelweise dazugeben und weiterrühren.

Apfel-Kirschkuchen

16 Den Teig ein paar Minuten gut durchrühren.

17 Das Backblech mit Backpapier auslegen ...

18 ... und nach Belieben noch mit Butter bepinseln (ist nicht zwingend erforderlich).

19 Den Kuchenteig löffelweise auf dem Blech verteilen ...

20 ... und die Oberfläche mit einem Messer oder Tortenheber glätten.

21 Die drei Äpfel waschen, schälen, ...

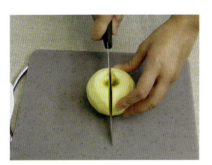
22 ... dann halbieren ...

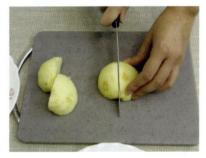
23 ... und anschließend vierteln.

24 Das Kerngehäuse jeweils mit einem kleinen Messer entfernen ...

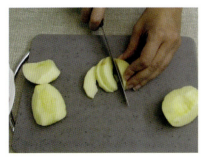
25 ... und die Äpfel in dünne Streifen schneiden.

26 Zunächst die Äpfel, ...

27 ... anschließend die entsteinten Kirschen gleichmäßig auf dem Teig verteilen ...

Blechkuchen backen

28 … und die Früchte etwas in den Teig eindrücken.

29 Das Backblech auf dem Gitter des Backofens ablegen und hineinschieben.

30 Den Kuchen ca. 40 Minuten backen.

31 Am Ende der Backzeit den Kuchen etwas aus dem Backofen herausziehen …

32 … und die Garprobe durchführen.

33 Wenn der Kuchen gar ist, den Backofen ausschalten.

34 Das Blech aus dem Backofen nehmen, …

35 … auf ein Gitter oder eine feuerfeste Unterlage stellen und abkühlen lassen.

36 Die Packung mit dem Tortenguss aufschneiden, …

37 … den Inhalt in 1/4 Liter kaltes Wasser geben …

38 … und mit einer Gabel gut verrühren, bis sich das Pulver aufgelöst hat.

39 Den angerührten Guss gleichmäßig über den Kuchen geben, …

Apfel-Kirschkuchen

40 … mit einem Backpinsel verteilen und ca. 30 Minuten stehen lassen, bis die Flüssigkeit fest ist.

41 Den Kuchen in Stücke schneiden …

42 … und diese mit einem Tortenheber vom Backblech nehmen.

43 Die einzelnen Kuchenstücke auf einem Kuchenteller anrichten.

Bienenstich

Zutaten:

Boden

500 g Mehl
100 g Zucker
100 g Butter oder Margarine
1 Päckchen Trockenhefe
1 Päckchen Vanillezucker
1/4 Liter Milch

Belag

150 g Margarine oder Butter
150 g Zucker
150 g Honig
3 Eier
50 ml Milch
1 Messerspitze Salz
100 g Mandelstifte
75 g Kokosnussraspel

Es können auch andere Nussarten verwendet werden, jedoch insgesamt nicht mehr als 200 g.

500 g Mehl

100 g Zucker

100 g Butter

1 Päckchen Trockenhefe

1 Päckchen Vanillezucker

1/4 Liter Milch

150 g Margarine

150 g Zucker

150 g Honig

3 Eier

50 ml Milch

1 Messerspitze Salz

100 g Mandelstifte

75 g Kokosnussraspel

Bienenstich

So wird es gemacht:

1. Das abgewogene Mehl in eine Rührschüssel geben.

2. Das Päckchen mit der Hefe aufschneiden und den Inhalt zum Mehl geben.

3. Den Vanillezucker …

4. … sowie den Zucker (100 g) zum Mehl geben …

5. … und alles gut mit einem Löffel vermengen.

6. Die abgewogene Butter (100 g), …

7. … dann die Milch (1/4 l) zum Mehl geben …

8. … und alles mit dem Handrührgerät (Knethaken) verkneten.

9. Anschließend den Hefeteig mit der Hand vollständig glatt kneten …

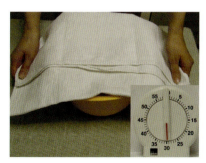
10. … und ihn anschließend in der abgedeckten Rührschüssel ca. 30 Minuten ruhen lassen.

11. Danach den Hefeteig nochmals mit der Hand gut durchkneten.

12. Ein tiefes Backblech mit Butter oder Margarine einfetten.

Blechkuchen backen

13 Auch der Backblechrand muss eingefettet werden.

14 Den Hefeteig auf das gefettete Backblech geben, ...

15 ... mit der Hand von der Mitte zu den Rändern hin gleichmäßig verteilen und flach drücken.

16 Abschließend den Teig ringsherum mit dem Finger am Backblechrand hochdrücken.

17 Den Backofen auf 160 °C vorheizen.

18 Die Eier aufschlagen, in eine kleine Schale geben, ...

19 ... mithilfe einer Gabel gut verrühren und beiseitestellen.

20 Die Margarine (150 g) in einen kleinen Topf geben.

21 Die Kochplatte auf mittlere Stufe stellen und das Fett schmelzen lassen.

22 Den Zucker (150 g) zur Margarine geben und rühren, bis er sich aufgelöst hat.

23 Den Honig in die Margarinemasse rühren.

Bienenstich

24 Wenn die flüssige Masse anfängt zu kochen, den Topf vom Herd nehmen und auf eine feuerfeste Unterlage stellen.

25 Die Kochplatte ausschalten.

26 Wenn die Masse abgekühlt ist, 1 Messerspitze Salz darüberstreuen, ...

27 ... anschließend die Mandelstifte dazugeben und verrühren.

28 Die Kokosnussraspel zur Masse geben ...

29 ... und alles gut vermengen.

30 Die Milch (50 ml) zur Honig-Nuss-Masse geben ...

31 ... und gut vermengen.

32 Die bereitgestellten Eier dazugeben, ...

33 ... wieder alles gut verrühren.

34 Die Masse über den Kuchenteig gießen, ...

35 ... bis dieser vollständig bedeckt ist.

Blechkuchen backen

36 Den Belag abschließend mit einem Löffel glätten.

37 Den Kuchen in den Backofen schieben …

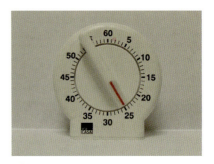
38 … und ca. 25 Minuten backen.

39 Nach der Backzeit den Backofen ausschalten.

40 Den Kuchen aus dem Backofen nehmen, …

41 … auf ein Gitter stellen und abkühlen lassen.

42 Den Kuchenrand mit einem Messer rundherum vom Backblech lösen.

43 Den Kuchen mit einem Messer oder einem Teigrad in viereckige Stücke schneiden.

44 Die Kuchenstücke mithilfe eines Tortenhebers vom Backblechboden lösen, …

45 … auf eine Kuchenplatte geben und anschließend servieren.

Johannisbeerkuchen

Zutaten:

Boden

500 g Johannisbeeren
2 Becher saure Sahne (400 ml)
400 g Mehl
150 g Zucker
250 g Margarine oder Butter
2 Päckchen Vanillezucker
1 Päckchen Backpulver
5 Eier
2 Tafeln weiße Schokolade (200 g)

Streuselmasse

200 g Mehl
100 g Zucker
150 g Butter oder Margarine
50 g gemahlene Mandeln

500 g Johannisbeeren

2 Becher saure Sahne

400 g Mehl

150 g Zucker

250 g Margarine

2 Päckchen Vanillezucker

1 Päckchen Backpulver

5 Eier

2 Tafeln weiße Schokolade

200 g Mehl

100 g Zucker

150 g Butter

50 g gemahlene Mandeln

So wird es gemacht:

1 Zur Vorbereitung die beiden Schokoladentafeln einzeln zerkleinern und in zwei Schalen geben.

2 Dazu zunächst jede Tafel mit einem großen Messer in dünne Streifen schneiden, …

3 … dann die Streifen in kleine Würfel zerteilen …

4 … und jede zerkleinerte Tafel in einer kleinen Schale beiseitestellen.

Blechkuchen backen

5 Die Johannisbeeren von den Rispen lösen und in eine Schale geben.

6 Einige Rispen zur Dekoration beiseitestellen.

7 Die Beeren gründlich waschen, ...

8 ... in ein Sieb geben und abtropfen lassen.

9 **Zuerst wird die Streuselmasse fertiggestellt:** Dazu die Butter (150 g) in eine Schale geben ...

10 ... und mit dem Handrührgerät (Rührhaken) cremig rühren.

11 Den Zucker (100 g) zur Butter geben und ca. 1 Minute rühren, ...

12 ... die gemahlenen Mandeln dazugeben und gut verrühren.

13 Nun die Knethaken in das Rührgerät einsetzen.

14 Das Mehl (200 g) zur Masse geben und gut verkneten, ...

15 ... dann eine der beiden zerkleinerten Schokoladentafeln dazugeben, ...

16 ... die Schokolade gut in den Teig kneten und diesen dann beiseitestellen.

Johannisbeerkuchen

17 Den Backofen auf 170 °C vorheizen.

18 **Kuchenteig fertigstellen:** Die Eier aufschlagen und in eine Schale geben.

19 Beide Päckchen mit Vanillezucker aufschneiden, zum Zucker (150 g) geben und gut vermengen.

20 Das Backpulverpäckchen aufschneiden, zum Mehl (400 g) geben und gut vermengen.

21 Die beiden Becher mit saurer Sahne öffnen.

22 Die Butter in eine Rührschüssel geben ...

23 ... und mit dem Handrührgerät cremig rühren.

24 Die Zuckermischung zur Butter geben und ca. 1 Minute rühren, ...

25 ... dann die Eier nach und nach dazugeben.

26 Die Mehlmischung löffelweise zur Buttermasse geben und einrühren.

27 Dazwischen die gesamte saure Sahne löffelweise zum Teig geben.

28 Den Teig etwa 1 Minute lang durchrühren.

Blechkuchen backen

 29 Die Würfel der zweiten zerkleinerten Schokoladentafel zum Teig geben ...

 30 ... und kurz einrühren.

 31 Ein tiefes Backblech gründlich mit Butter einfetten (Ränder nicht vergessen).

 32 Den Teig auf das Backblech geben, ...

 33 ... gut verteilen und mit einem Teigschaber die Oberfläche glätten.

 34 Die abgetropften Johannisbeeren auf dem Teig verteilen, ...

 35 ... bis die Oberfläche damit bedeckt ist. Nun die bereitgestellten Streusel über die Beeren bröseln, ...

 36 ... bis der gesamte Streuselteig verbraucht ist.

 37 Das Backblech auf die mittlere Schiene des Backofens stellen ...

 38 ... und in den vorgeheizten Backofen schieben.

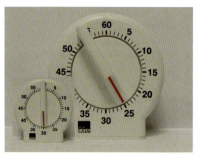 39 Den Kuchen 25 bis 30 Minuten backen.

 40 Das Backblech aus dem Ofen ziehen und die Garprobe durchführen.

Johannisbeerkuchen

41 Den Backofen ausschalten.

42 Den Kuchen aus dem Backofen nehmen, auf ein Gitter oder eine feuerfeste Unterlage stellen und abkühlen lassen.

43 Den Kuchen mit einem Messer oder einem Teigrad in viereckige Stücke schneiden.

44 Die Kuchenstücke mit einem Tortenheber vom Backblech nehmen ...

45 ... und auf einen Servierteller geben.

46 Zum Dekorieren die Johannisbeerrispen zunächst in Wasser tauchen, ...

47 ... dann in Zucker wenden ...

48 ... und auf den Kuchenstücken verteilen. So kann der Kuchen serviert werden.

Kleingebäck backen

Gefüllte Miniwindbeutel

Zutaten:

Teig

150 g Mehl
50 g Margarine oder Butter
1 Messerspitze Salz
1/8 Liter Milch
1/8 Liter Wasser
3 Eier

Füllung und Dekoration

1 Becher Schlagsahne (200 g)
1 Esslöffel Zucker
2 Esslöffel Kakaopulver
1/4 Glas Wasser

Die Windbeutel sollen nach dem Backen gleich gefüllt und möglichst bald verzehrt werden.
Die Windbeutel können mit Sahne oder Konfitüre gefüllt werden.

150 g Mehl

50 g Margarine oder Butter

1 Messerspitze Salz

1/8 Liter Milch

1/8 Liter Wasser

3 Eier

1 Becher Schlagsahne

1 Esslöffel Zucker

2 Esslöffel Kakaopulver

1/4 Glas Wasser

So wird es gemacht:

1. Den Backofen auf 190 °C vorheizen.

2. Das Wasser (1/8 l) ...

3. ... und die abgemessene Milch in einen Topf geben.

Gefüllte Miniwindbeutel

4 Die Margarine oder Butter zur Wasser-Milch-Mischung geben, ...

5 ... die Kochplatte auf mittlere Hitze stellen ...

6 ... und eine Messerspitze Salz in den Topf geben.

7 Das Fett im Topf schmelzen lassen, dabei umrühren, ...

8 ... bis die Flüssigkeit anfängt, zu kochen.

9 Das ganze Mehl in die Flüssigkeit geben, ...

10 ... dabei rühren, ...

11 ... bis ein Teigkloß entstanden ist und auf dem Topfboden ein weißlicher Belag sichtbar wird.

12 Den Topf von der Kochplatte nehmen, auf eine feuerfeste Unterlage stellen und abkühlen lassen.

13 Die Kochplatte ausschalten.

14 Den Teig in eine Rührschüssel geben und kurz abkühlen lassen.

15 Die Eier aufschlagen, ...

Kleingebäck backen

16 … zum Teig in die Rührschüssel geben, …

17 … mit den Knethaken des Handrührgeräts gut verrühren (1 bis 2 Minuten) und dann ca. 5 Minuten ruhen lassen.

18 Die Masse kann auch mit einem Schneebesen verrührt werden.

19 Bis der Teig gut vermengt ist, dauert dies 2 bis 3 Minuten.

20 Ein Backblech mit Backpapier auslegen.

21 Den Teig in eine Sahnepresse füllen, …

22 … mit dem unteren Verschluss verschließen …

23 … und eine große Tülle auf die Presse schrauben.

24 Nun können mit der Presse kleine Portionen (ca. 2 cm Durchmesser) auf das Backpapier gesetzt werden.

25 Das Backblech in den Backofen schieben …

26 … und die Windbeutel ca. 15 Minuten backen, …

27 … bis sie goldbraun sind.

Gefüllte Miniwindbeutel

28 Das Backblech aus dem Ofen ziehen, …

29 … mit Ofenhandschuhen herausnehmen …

30 … und auf einer feuerfesten Unterlage kurz abkühlen lassen.

31 Den Backofen ausschalten.

32 Die Sahne steif schlagen …

33 … und in eine Sahnepresse füllen.

34 Auf den unteren Verschluss eine kleine Tülle schrauben und dann die Presse verschließen.

35 Mit der Tüllenspitze in die Windbeutel stechen …

36 … und etwas Sahne hineinpressen.

37 Die gefüllten Windbeutel auf einen Teller geben.

38 Das Wasser (1/4 Glas) in einen kleinen Topf geben.

39 Die Kochplatte auf mittlere Stufe stellen.

Kleingebäck backen

40 1 bis 2 Esslöffel Zucker zum Wasser geben, ...

41 ... 2 Esslöffel Kakaopulver hinzufügen, ...

42 ... alles gut mit dem Schneebesen verrühren ...

43 ... und warten, bis die Flüssigkeit zu kochen beginnt.

44 Den Topf vom Herd nehmen, die Kakaomasse in eine Schale füllen und kurz abkühlen lassen.

45 Die Kochplatte ausschalten.

46 Die Kakaomasse mit einem Löffel über die Windbeutel träufeln.

47 Die Miniwindbeutel können anschließend serviert und sollten schnell verzehrt werden.

Eclairs

Zutaten:

Teig

Für die Eclairs wird der gleiche Teig benötigt, der für die Herstellung von Windbeuteln zubereitet wird. Die Zutaten sind auf S. 40 zu finden, die Teigzubereitung (Foto 1 bis 23) erfolgt ab S. 40 bis S. 42. Die weiteren Arbeitsschritte sind unten beschrieben.

Windbeutelteig

Guss

1 Tafel dunkle Schokolade
1 Tafel weiße Schokolade
etwas Wasser (2 bis 3 Esslöffel)

Füllung

1 Becher Schlagsahne

1 Tafel dunkle Schokolade   1 Tafel weiße Schokolade

Wasser   1 Becher Schlagsahne

So wird es gemacht:

1 Den Teig in länglichen Formen (8 bis 10 cm lang, 1,5 bis 2 cm breit) auf das Backpapier pressen.

2 Das Backblech vorsichtig in den vorgeheizten Backofen schieben ...

3 ... und die Eclairs 20 bis 25 Minuten backen.

4 Das Backblech aus dem Backofen nehmen, auf ein Gitter stellen und kurz abkühlen lassen.

5 Den Backofen ausschalten.

6 Die dunkle Schokolade in Stücke brechen und in einen kleinen Topf geben.

Kleingebäck backen

7 Die Kochplatte auf mittlere Hitze stellen, …

8 … 2 bis 3 Esslöffel Wasser dazugeben und die Schokolade schmelzen lassen.

9 Die Kochplatte ausschalten.

10 Die Hälfte der noch warmen Eclairs mit der geschmolzenen Schokolade bestreichen.

11 Anschließend wird die weiße Schokolade in einem anderen Topf geschmolzen (siehe Foto 6 bis 8).

12 Die restlichen Eclairs mit weißer Schokolade bestreichen und ruhen lassen, bis die Schokolade fest ist.

13 Die Sahne steif schlagen.

14 Die Eclairs der Länge nach mit einer Schere halbieren, …

15 … 2 bis 3 Esslöffel Sahne auf den unteren Teil geben …

16 … und die obere Teighälfte darauflegen. Die anderen Eclairs auf die gleiche Art und Weise aufschneiden und befüllen. Dann können die Gebäckteile auf einem Servierteller angerichtet werden.

Grießschnitten mit Datteln

Zutaten:

Teig
250 g Grieß
100 g Zucker
100 g Butter
60 g Mehl
1 Teelöffel Trockenhefe
1 Messerspitze Salz
1/2 Glas Wasser

Füllung
250 g Datteln
2 Esslöffel Zucker
2 Esslöffel Butter oder Margarine
Puderzucker

250 g Grieß

100 g Zucker

100 g Butter

60 g Mehl

1 Teelöffel Trockenhefe

1 Messerspitze Salz

1/2 Glas Wasser

250 g Datteln

2 Esslöffel Zucker

2 Esslöffel Butter oder Margarine

Puderzucker

So wird es gemacht:

① Das Päckchen mit der Hefe aufschneiden, 1 Teelöffel davon zum Wasser (1/2 Glas) geben, ...

② ... rühren, bis sich die Hefe aufgelöst hat, und beiseitestellen.

③ Den Grieß in eine Rührschüssel geben, ...

Kleingebäck backen

④ ... das Mehl dazugeben, ...

⑤ ... dann den Zucker (100 g), ...

⑥ ... und zum Schluss eine Messerspitze Salz hinzufügen.

⑦ Alles mit einem Löffel gut vermengen.

⑧ Die Butter (100 g) in einen kleinen Topf geben, ...

⑨ ... die Herdplatte auf mittlere Stufe stellen ...

⑩ ... und die Butter schmelzen (nicht kochen) lassen. Die Kochplatte ausschalten.

⑪ Das geschmolzene Fett zur Grießmischung geben.

⑫ Die aufgelöste Hefe ebenfalls zur Grießmischung hinzufügen ...

⑬ ... und alles mit dem Handrührgerät (Knethaken) ca. 2 Minuten gut durchrühren.

⑭ Den Teig mit einem frischen Geschirrtuch abdecken ...

⑮ ... und ca. 1 Stunde ruhen lassen.

Grießschnitten mit Datteln

16 Den Backofen auf 180 °C vorheizen.

17 Die Datteln mit einem Messer halbieren ...

18 ... und die Kerne entfernen.

19 Die entkernten Datteln in kleine Würfel schneiden.

20 2 Esslöffel Butter oder Margarine in einen Topf geben.

21 Die Kochplatte auf mittlere Hitze stellen.

22 Die zerkleinerten Datteln zur Butter in den Topf geben ...

23 ... und gut verrühren.

24 2 Esslöffel Zucker zu den Datteln geben, ...

25 ... verrühren und ca. 5 Minuten köcheln lassen, bis die Datteln weich sind. Die Kochplatte ausschalten.

26 Den Topf vom Herd nehmen, auf einen Untersetzer stellen und die Datteln abkühlen lassen.

27 Eine feuerfeste Auflaufform mit Butter oder Margarine einfetten (auch den Rand).

Kleingebäck backen

28 Die Hälfte des Grießteigs in die Form geben ...

29 ... und den Boden damit bedecken.

30 Die Dattelmasse auf den Grießteig geben ...

31 ... und gut verteilen.

32 Anschließend den restlichen Grießteig auf die Datteln geben, ...

33 ... gleichmäßig verteilen, ...

34 ... bis die Datteln bedeckt sind.

35 Die Auflaufform mit dem Grießkuchen auf das Backofengitter stellen, ...

36 ... in den Backofen schieben ...

37 ... und 20 bis 25 Minuten backen.

38 Das Gitter mit der Auflaufform aus dem Backofen ziehen ...

39 ... und die Garprobe durchführen.

Grießschnitten mit Datteln

40 Die Auflaufform aus dem Ofen nehmen, auf eine feuerfeste Unterlage stellen und abkühlen lassen.

41 Den Backofen ausschalten.

42 Den Kuchen mit einem Messer rundherum aus der Form lösen.

43 Eine Servierplatte über die Auflaufform legen, ...

44 ... eine Hand unter die Form schieben, mit der anderen Hand die Platte halten und den Kuchen umdrehen.

45 Die Auflaufform entfernen.

46 1 Esslöffel Puderzucker in ein kleines Sieb geben ...

47 ... und mithilfe eines Teelöffels über den Kuchen streuen, bis die Oberfläche bedeckt ist.

48 Den Kuchen in vier Dreiecke schneiden, ...

49 ... die Stücke mit einem Tortenheber von der Kuchenplatte nehmen, ...

50 ... auf einen Kuchenteller geben ...

51 ... und servieren.

Kleingebäck backen

Blaubeermuffins

Zutaten:

250 g Mehl
60 g Zucker
75 g Margarine oder Butter
200 ml Milch
2 Eier
1 Päckchen Backpulver
1/2 Teelöffel Salz
200 g Blaubeeren (Heidelbeeren)

250 g Mehl

60 g Zucker

75 g Margarine

200 ml Milch

2 Eier

1 Päckchen Backpulver

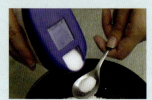
1/2 Teelöffel Salz

200 g Blaubeeren (Heidelbeeren)

So wird es gemacht:

① Die Beeren in eine Schale geben und mit Wasser bedecken.

② Die restlichen Blätter entfernen, ...

③ ... dann die Beeren durch ein Sieb abgießen.

④ Nochmals gründlich mit Wasser nachspülen, ...

⑤ ... das Sieb in eine Schale stellen ...

⑥ ... und die Beeren gut abtropfen lassen.

Blaubeermuffins

7 Den Backofen auf 180 °C vorheizen.

8 Die Eier aufschlagen, in eine kleine Schale geben und beiseitestellen.

9 Die Margarine oder Butter in eine Rührschüssel geben, ...

10 ... die Eier dazugeben, ...

11 ... die Milch darübergießen ...

12 ... und alles mit dem Handrührgerät (Rührhaken) gut verrühren.

13 Das Backpulverpäckchen aufschneiden, ...

14 ... den Inhalt zum Mehl geben, ...

15 ... einen halben Teelöffel Salz abmessen und unter das Mehl mischen.

16 Den Zucker zur Mehlmischung geben, ...

17 ... mit einem Löffel gut vermengen ...

18 ... und alles zur Eiermasse geben.

Kleingebäck backen

19 Den Teig gut durchrühren.

20 Die abgetropften Blaubeeren zum Teig geben ...

21 ... und mit einem Löffel vorsichtig unterheben.

22 Die Mulden einer Muffinform mit Butter einfetten ...

23 ... und mit Mehl bestäuben.

24 Die Form hin und her bewegen, damit sich das Mehl besser verteilt.

25 Das überschüssige Mehl aus den Mulden klopfen.

26 Den Teig löffelweise in die Mulden füllen. Dazu nimmt man zwei Löffel.

27 Einen mit Teig gefüllten Löffel über die Mulde halten, mit dem anderen den Teig in die Form schieben.

28 Wo nötig, die Oberfläche des Teigs etwas glätten.

29 Die Muffinform auf das Backofengitter stellen ...

30 ... und in den Backofen schieben.

Blaubeermuffins

31 Die Muffins 20 bis 25 Minuten backen, bis ihre Oberfläche goldgelb ist.

32 Das Backofengitter vorsichtig herausziehen, …

33 … die Muffinform aus dem Ofen nehmen, …

34 … auf eine feuerfeste Unterlage stellen und abkühlen lassen.

35 Den Backofen ausschalten.

36 Die einzelnen Muffins vorsichtig mit einem Messer aus der Form lösen …

37 … und seitlich anheben.

38 Auf diese Weise alle Muffins aus der Form lösen und auf einer Servierplatte anrichten. So kann das Gebäck serviert werden.

Kleingebäck backen

Butterringe

Zutaten:
200 g Mehl
125 g Zucker
150 g Butter oder Margarine
1 Ei

200 g Mehl   125 g Zucker

150 g Butter oder Margarine   1 Ei

In diesem Rezept wird vom Ei nur das Eigelb gebraucht. Das Eiweiß kann z. B. für das Rezept der Baiserplätzchen (Seite 66) verwendet werden.

So wird es gemacht:

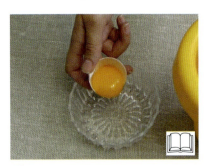

① Das Eiweiß vom Eigelb trennen. Es wird nur das Eigelb benötigt.

② Den Backofen auf 190 °C vorheizen.

③ Die Butter oder Margarine in eine Rührschüssel geben, ...

④ ... das Eigelb ...

⑤ ... und den Zucker hinzufügen.

⑥ Alles mit dem Handrührgerät 1 bis 2 Minuten cremig rühren.

7 Das Mehl löffelweise zur Buttermasse geben ...

8 ... und gut durchrühren.

9 Den Teig in eine Sahnepresse füllen.

10 Ein Backblech mit Backpapier auslegen ...

11 ... und Teigringe mit ca. 5 cm Durchmesser oder kleiner auf das Backpapier pressen. Möglicherweise reicht die Teigmenge für ein zweites Backblech.

12 Das Backblech in den vorgeheizten Backofen schieben ...

13 ... und die Ringe 10 bis 12 Minuten backen.

14 Den Backofen ausschalten.

15 Das Backblech aus dem Ofen nehmen und auf eine feuerfeste Unterlage stellen.

16 Die Butterringe zum Abkühlen auf einem Gitter auslegen.

17 Das Gebäck kann entweder sofort serviert oder in einer Blechdose aufbewahrt werden.

Kleingebäck backen

Marzipanplätzchen

Zutaten:

Teig
200 g Marzipanrohmasse
50 g Puderzucker

Guss
100 g Puderzucker
2 bis 3 Esslöffel Orangensaft
etwas Orangeat zur Dekoration

200 g Marzipanrohmasse

50 g Puderzucker

100 g Puderzucker

2 bis 3 Esslöffel Orangensaft

Orangeat

So wird es gemacht:

1. Die Verpackung der Marzipanrohmasse aufschneiden, ...

2. ... den Inhalt in eine Schale geben, ...

3. ... den Puderzucker dazugeben ...

4. ... und alles mit der Hand gut verkneten.

5. Falls das Kneten mit der Hand zu mühsam ist, die Zutaten in eine Rührschüssel geben und mit den Knethaken des Handrührgeräts gut verkneten.

Marzipanplätzchen

6 Die Marzipanmasse mit dem Puderzucker so lange kneten, bis ein glatter Teig entstanden ist.

7 Ein Stück Backpapier oder Frischhaltefolie auf der Arbeitsfläche ausbreiten, ...

8 ... die Marzipanzuckermasse darauflegen ...

9 ... und mit der Hand flach drücken.

10 Einen frischen Plastikbeutel auf den Marzipanteig legen ...

11 ... und diesen mit dem Nudelholz dünn ausrollen (1,5 bis 2 cm dick).

12 Den Plastikbeutel entfernen.

13 Nun können mit Plätzchenformen Figuren ausgestochen werden. Dabei die Förmchen etwas nach links und rechts bewegen, damit sich die Ränder aus dem Teig lösen. Die Ausstechform mit dem Teiginhalt hochheben ...

14 ... und die Plätzchen auf ein Kühlgitter setzen. Den Vorgang wiederholen, bis keine Figuren mehr ausgestochen werden können.

15 Den Rest des Teigs wieder mit der Hand zusammenkneten ...

16 ... und alles wie oben beschrieben (Foto 7 bis 12) wiederholen.

59

Kleingebäck backen

17 Erneut mit Ausstechformen Figuren aus dem Teig ausstechen ...

18 ... und vorsichtig mit dem Finger auf das Kühlgitter drücken.

19 Zum Puderzucker (100 g) 2 Esslöffel Orangensaft geben ...

20 ... und einen cremigen Guss anrühren.

21 Das Kühlgitter mit den Marzipanplätzchen auf eine Unterlage stellen und den Puderzuckerguss mit einem Teelöffel auf den Figuren verteilen.

22 Den Guss mit dem Löffel glätten.

23 Zum Schluss einige Stücke Orangeat auf dem Guss verteilen ...

24 ... und die Plätzchen 4 bis 5 Stunden ruhen lassen. Anschließend können sie serviert werden.

Hinweis:
Falls sehr viel Puderzuckerguss übrig ist, kann er zum Verzieren der Baiserplätzchen (Rezept siehe Seite 66) verwendet werden.

Kokosmakronen

Zutaten:
200 g Kokosnussraspel
200 g Zucker
50 ml Milch oder Sahne
2 Eier
2 Esslöffel Butter oder Margarine

200 g Kokosnuss-raspel

200 g Zucker

50 ml Milch oder Sahne

2 Eier

2 Esslöffel Butter oder Margarine

So wird es gemacht:

① Die Eier aufschlagen und in eine kleine Schale geben.

② Die Milch (Sahne) in einen kleinen Topf geben, ...

③ ... den Zucker hinzufügen ...

④ ... und rühren, bis sich der Zucker aufgelöst hat.

⑤ Die Herdplatte auf eine hohe Stufe stellen und den Topfinhalt zum Kochen bringen.

⑥ Die Kokosnussraspel zur Milch (Sahne) geben, ...

Kleingebäck backen

7 … alles gut vermengen …

8 … und 3 bis 4 Minuten köcheln lassen. Während des Kochvorgangs ständig rühren, damit die Masse nicht anbrennt.

9 Den Topf von der Kochplatte nehmen, auf eine feuerfeste Unterlage stellen und kurz abkühlen lassen.

10 Die Kochplatte ausschalten.

11 2 Esslöffel Butter zur Kokosmasse geben, …

12 … die beiden Eier dazugeben und alles verrühren.

13 Den Topf erneut auf die Herdplatte stellen, …

14 … diese auf eine hohe Stufe stellen und die Masse zum Kochen bringen.

15 Die Masse dabei ständig umrühren.

16 Die Masse 4 bis 5 Minuten kochen lassen.

17 Die Herdplatte ausschalten.

18 Den Topf vom Herd nehmen, auf eine feuerfeste Unterlage stellen und abkühlen lassen.

Kokosmakronen

19 Ein Stück Backpapier auf ein Backblech legen.

20 Jeweils 1 Teelöffel Kokosnussmasse aus dem Topf nehmen, ...

21 ... mithilfe eines zweiten Löffels etwas glätten ...

22 ... und auf dem Backpapier absetzen.

23 Die Makronen 3 bis 4 Stunden ruhen lassen, bis sie trocken sind (eventuell dazwischen wenden).

24 Das Kokosgebäck auf einer Schale anrichten und servieren.

Kleingebäck backen

Nussmakronen

Zutaten:
200 g gemahlene Mandeln
(oder andere Nüsse)
150 g Puderzucker
4 Eier
2 Esslöffel Orangensaft
Backoblaten (klein, 50 mm Durchmesser)

200 g gemahlene Mandeln

150 g Puderzucker

In diesem Rezept wird von den Eiern nur das Eigelb gebraucht. Das Eiweiß kann z. B. für das Rezept der Schokoladenhippe (Seite 68) verwendet werden.

4 Eier

2 Esslöffel Orangensaft

kleine Backoblaten

So wird es gemacht:

① Den Backofen auf 150 bis 160 °C vorheizen.

② Die Eier trennen. Es wird jeweils nur das Eigelb gebraucht.

③ Das Eigelb der getrennten Eier in eine Rührschüssel geben, ...

④ ... den Puderzucker dazugeben, ...

⑤ ... dann den Orangensaft zur Masse geben ...

⑥ ... und alles mit dem Handrührgerät gut verrühren.

Nussmakronen

7 Die gemahlenen Nüsse hinzufügen ...

8 ... und alles ca. 1 Minute verrühren.

9 Die Backoblaten (50 mm Durchmesser) auf einem Backblech auslegen.

10 Nun wird die Masse mithilfe eines Löffels auf die Oblaten gegeben. Der Teig kann aber auch mit der Hand portioniert (ca. 1 Löffel Teig) oder mit der Sahnepresse auf die Oblaten gepresst werden.

11 Das Backblech mit den Plätzchen in den Backofen schieben ...

12 ... und 20 Minuten backen.

13 Das Backblech aus dem Backofen nehmen, ...

14 ... auf ein Gitter stellen und etwas abkühlen lassen. Den Backofen ausschalten.

15 Die Makronen auf ein Kühlgitter setzen ...

16 ... und ruhen lassen, bis sie vollständig kalt sind. Anschließend können sie serviert werden.

Baiserplätzchen

Zutaten:

Baisermasse
1 Ei
50 g Puderzucker

Guss
70 g Puderzucker
2 Esslöffel Orangensaft
(oder andere Saftsorte)

Vom Ei wird für dieses Rezept nur das Eiweiß benötigt. Das Eigelb kann für die Butterringe (Rezept Seite 56) verwendet werden.

1 Ei

50 g Puderzucker

70 g Puderzucker

2 Esslöffel Orangensaft

So wird es gemacht:

① Das Eiweiß vom Eigelb trennen, das Eigelb wird nicht gebraucht.

② Den Backofen auf 150 °C vorheizen.

③ Das Eiweiß steif schlagen.

④ Den Puderzucker zum Eischnee geben ...

⑤ ... und kurz einrühren.

⑥ Die Eischneemasse löffelweise auf ein mit Backpapier belegtes Backblech geben.

Baiserplätzchen

7 Das Backblech auf das Backgitter stellen, in den Backofen schieben ...

8 ... und die Plätzchen ca. 25 Minuten backen, bis die Baisermasse trocken ist.

9 Den Backofen ausschalten.

10 Das Backblech aus dem Backofen ziehen, ...

11 ... auf ein Gitter stellen und abkühlen lassen.

12 1 bis 2 Esslöffel Saft (beliebige Sorte, z. B. Orangensaft) zum Puderzucker (70 g) geben, ...

13 ... mit dem Löffel cremig rühren, ...

14 ... über die Baiserplätzchen geben und etwas verteilen.

15 Die Baiserplätzchen vorsichtig auf eine Servierplatte legen, ...

16 ... nach Belieben verzieren (z. B. mit Orangeat) ...

17 ... und anschließend servieren.

Schokoladenhippe

Zutaten:

80 g Mehl
80 g Puderzucker
1 Päckchen Vanillezucker
4 Esslöffel Milch
4 Eier
2 Esslöffel Kakao
50 g gemahlene Mandeln oder Kokosnussraspel (es kann auch eine andere Nusssorte verwendet bzw. gemischt werden: je 25 g gemahlene Mandeln und 25 g Kokosnussraspel)

In diesem Rezept wird von den Eiern nur das Eiweiß gebraucht. Das Eigelb kann z. B. für die Nussmakronen (Rezept Seite 64) verwendet werden.

80 g Mehl

80 g Puderzucker

1 Päckchen Vanillezucker

4 Esslöffel Milch

4 Eier

2 Esslöffel Kakao

50 g gemahlene Mandeln oder 50 g Kokosnussraspel

So wird es gemacht:

① Die Eier trennen, das Eiweiß in eine Rührschüssel geben ...

② ... und steif schlagen. Der Eischnee ist gut gelungen, wenn der Schnitt mit einem Messer offen bleibt.

③ Den Backofen auf 180 °C vorheizen.

④ Das Mehl in eine Rührschüssel geben, ...

⑤ ... den Puderzucker dazugeben und mischen.

Schokoladenhippe

6 Das Päckchen mit dem Vanillezucker aufschneiden und zur Mehlmischung geben.

7 2 Esslöffel Kakao zur Mehlmasse geben, ...

8 ... dann die Kokosnussraspel oder gemahlenen Nüsse dazugeben ...

9 ... und alles gut mit einem Löffel vermengen.

10 Über die Schüssel mit dem Eischnee ein Sieb halten, die Mehlmasse hineinschütten ...

11 ... und mithilfe eines Löffels durchsieben.

12 Die im Sieb verbleibenden Kokosnussraspel zum Eischnee geben ...

13 ... und die Masse mit einem Teigschaber gut vermengen.

14 4 Esslöffel Milch zum Teig geben ...

15 ... und einrühren.

16 Ein Backblech mit Backpapier belegen.

17 Den Teig in die Mitte des Backblechs gießen ...

Kleingebäck backen

18 ... und zu einem Kreis auslaufen lassen.

19 Das Backblech in den Backofen schieben ...

20 ... und den Teigfladen zunächst für 10 Minuten backen.

21 Das Backblech aus dem Backofen nehmen, ...

22 ... auf ein Gitter stellen ...

23 ... und ca. 10 Minuten abkühlen lassen.

24 Das Backblech wieder in den Backofen schieben ...

25 ... und den Kuchen weitere 10 Minuten backen.

26 Das Backblech erneut aus dem Backofen ziehen ...

27 ... und auf ein Kühlgitter stellen.

28 Den Backofen ausschalten.

29 Den Fladenkuchen mithilfe eines langen Messers oder eines Teigschabers vom Backpapier lösen.

Schokoladenhippe

30 Den Kuchen mit einem Brotmesser in Streifen schneiden, ...

31 ... dann in Stücke.

32 Die Hippenstücke vom Backblech heben, ...

33 ... auf einer Servierplatte anrichten ...

34 ... und servieren.

Hinweis:
Die einzelnen Stücke der Schokoladenhippe können auch mit Schokoguss verziert werden. Die Anleitung dazu ist auf Seite 45 nachzulesen.

Rosinentaler

Zutaten:

150 g Mehl
100 g Zucker
125 g Butter oder Margarine
2 Eier
50 g Rosinen
50 g Cranberries

150 g Mehl

100 g Zucker

125 g Butter

2 Eier

50 g Rosinen

50 g Cranberries

So wird es gemacht:

1. Die Eier aufschlagen und in eine kleine Schale geben.

2. Den Backofen auf 180 °C vorheizen.

3. Die Butter oder Margarine in eine Rührschüssel geben, ...

4. ... die Eier dazugeben ...

5. ... und alles mit dem Handrührgerät (Rührhaken) cremig rühren.

6. Den Zucker zur Eimasse geben, ...

Rosinentaler

⑦ … dann das Mehl löffelweise hinzufügen und 1 bis 2 Minuten gut verrühren.

⑧ Anschließend die Rosinen …

⑨ … und die Cranberries zum Teig geben …

⑩ … und alles mit dem Handrührgerät gut vermengen.

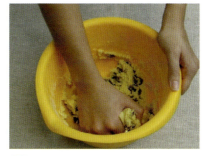

⑪ Dann den Teig mit der Hand noch einmal gut durchkneten.

⑫ Ein Backblech mit Backpapier belegen, jeweils 1 Esslöffel Teig nehmen …

⑬ … und mithilfe eines anderen Löffels auf dem Backpapier absetzen. Auf diese Weise den gesamten Teig portionieren.

⑭ Das Backblech in den Backofen schieben …

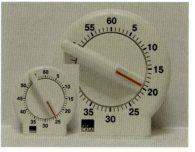

⑮ … und die Taler 20 bis 25 Minuten backen.

⑯ Das Backblech aus dem Backofen nehmen, auf ein Gitter stellen und etwas abkühlen lassen.

⑰ Den Backofen ausschalten.

⑱ Die fertigen Taler auf ein Kühlgitter setzen, vollständig abkühlen lassen und anschließend servieren.

Kleingebäck backen

Teigtaschen mit Pfirsichfüllung

Zutaten:

350 g Mehl
75 g Zucker
1 Päckchen Trockenhefe
1 Ei
75 g Margarine oder Butter
1/8 Liter Milch
1 Dose halbierte Pfirsiche
etwas Puderzucker

Für dieses Rezept wird vom Ei nur das Eigelb gebraucht. Das übrige Eiweiß kann z. B. für die Baiserplätzchen (Rezept Seite 66) verwendet werden.

350 g Mehl

75 g Zucker

1 Päckchen Trockenhefe

1 Ei

75 g Margarine oder Butter

1/8 Liter Milch

1 Dose Pfirsiche

Puderzucker

So wird es gemacht:

1. Das Ei trennen, nur das Eigelb wird gebraucht.

2. Das Mehl in eine Rührschüssel geben.

3. Die Trockenhefe zum Mehl geben, ...

4. ... mit einem Löffel gut vermischen, ...

5. ... dann den Zucker dazugeben und alles vermengen.

6. Das Eigelb über die Mehlmischung geben, ...

Teigtaschen mit Pfirsichfüllung

7   … dann die Margarine …

8   … und die Milch hinzufügen.

9   Alles mit dem Handrührgerät zu einem weichen Teig verkneten (2 bis 3 Minuten).

10   Den Teig anschließend mit einem frischen Geschirrtuch bedecken …

11   … und an einem warmen Platz 30 bis 40 Minuten gehen lassen.

12   Inzwischen die Pfirsichdose öffnen. Dazu den Dosenöffner an der Oberkante ansetzen und die Griffe zusammendrücken.

13   Den Drehknopf nach vorne drehen, damit die Schneiderolle den Deckel abtrennt.

14   Den Deckel vorsichtig mit einer Gabel anheben.

15   Die Pfirsiche in ein Sieb geben und über einer Schüssel gut abtropfen lassen.

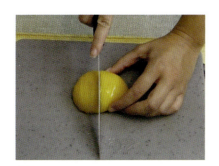
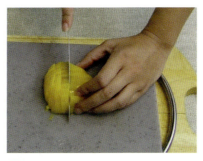

16   Ein paar Pfirsichhälften in Streifen, …

17   … dann in kleine Würfel schneiden, …

18   … in eine Schale geben und beiseitestellen.

Kleingebäck backen

19 Wenn der Teig seine Masse verdoppelt hat, das Tuch entfernen.

20 Den Backofen auf 180 °C vorheizen.

21 Etwas Mehl auf eine Arbeitsplatte streuen.

22 Den Teig auf der Arbeitsplatte zu einer Rolle mit einem Durchmesser von 4 bis 5 cm formen, ...

23 ... dann von der Rolle ca. 2 cm dicke Scheiben abschneiden.

24 Aus den Teigstücken mit den Handflächen Kugeln formen, ...

25 ... dann die Kugeln auf der Arbeitsfläche flach drücken ...

26 ... und einige Pfirsichstückchen darauflegen.

27 Nun wird aus einer Teigkugel ein weiterer kleiner Fladen geformt.

28 Den zweiten Teigfladen auf die Füllung legen ...

29 ... und die Ränder rundherum zusammendrücken, damit die Füllung nicht entweicht.

30 Abschließend kann mit einer Gabel ein Muster in die Ränder gedrückt werden.

Teigtaschen mit Pfirsichfüllung

31 Ein Stück Backpapier auf ein Backblech legen.

32 Die fertigen Teigtaschen auf das Blech geben, ...

33 ... dieses in den Backofen schieben ...

34 ... und die Gebäcktaschen ca. 20 Minuten backen.

35 Den Backofen ausschalten.

36 Das Backblech aus dem Backofen ziehen, ...

37 ... auf ein Gitter stellen und kurz abkühlen lassen.

38 Etwas Puderzucker in ein Sieb geben und mithilfe eines Löffels über die Teigtaschen rieseln lassen.

39 Die fertigen Teigtaschen auf einer Platte anrichten und servieren.

Sahnewaffeln

Zutaten:

250 g Mehl
125 g Butter oder Margarine
1/4 Liter Sahne
2 Eier
1 Päckchen Backpulver
Butter oder Margarine zum Einfetten des Waffeleisens
Puderzucker zum Bestäuben der Waffeln oder Sahne mit Obst (z. B. Himbeeren, Erdbeeren)

Wichtiger Hinweis für die Benutzung des Waffeleisens:
Vor dem Einsatz des Waffeleisens bitte genau die Herstellerangaben beachten. Während der Arbeit mit dem Waffeleisen Ofenhandschuhe tragen, da manche Geräte (auch außen) sehr heiß werden.
Beim Öffnen des Waffeleisens das Gesicht fernhalten, weil heißer Dampf entweicht.

250 g Mehl

125 g Butter

1/4 Liter Sahne

2 Eier

1 Päckchen Backpulver

Butter oder Margarine

Puderzucker

Schlagsahne

frische oder tiefgefrorene Beeren

So wird es gemacht:

1. Die Eier aufschlagen und in eine kleine Schale geben.

2. Die Butter oder Margarine in eine Rührschüssel geben, ...

3. ... die Eier dazugeben ...

Sahnewaffeln

4 … und mit dem Handrührgerät cremig rühren.

5 Das Backpulverpäckchen aufschneiden und zur Buttermasse geben, …

6 … die Sahne nach und nach dazugeben …

7 … und alles ca. 1 Minute lang verrühren.

8 Das Mehl in die Rührschüssel geben …

9 … und den Teig ca. 2 Minuten cremig rühren.

10 Das Waffeleisen mit Butter oder Margarine einfetten, dann den Netzstecker in die Steckdose stecken …

11 … und warten, bis die orange oder grüne (geräteabhängig) Lampe aufleuchtet (Herstellerangaben beachten!).

12 Den Waffeleisendeckel vorsichtig hochklappen, …

13 … einen großen Löffel Teig nehmen, …

14 … mithilfe eines zweiten Löffels in der Mitte des Waffeleisens absetzen, …

Kleingebäck backen

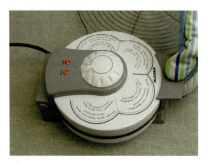
15 ... den Deckel zuklappen und vorsichtig nach unten drücken.

16 Die Waffel 2 bis 3 Minuten backen lassen.

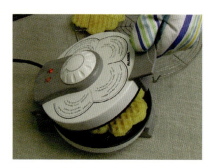
17 Den Waffeleisendeckel vorsichtig hochheben.

18 Die fertige Waffel mit einem Pfannenwender aus Plastik oder Holz lösen, ...

19 ... mit einem zweiten Wender von oben festhalten, ...

20 ... aus dem Waffeleisen nehmen, auf ein Gitter legen und abkühlen lassen.

21 Wenn der Waffelteig aufgebraucht ist, den Stecker des Waffeleisens ziehen und das Gerät abkühlen lassen.

22 Die fertigen Waffeln nicht aufeinander stapeln, sonst werden sie weich.

23 **Serviervorschlag 1:** 1 Teelöffel Puderzucker in ein feines Sieb geben, ...

24 ... mithilfe eines Löffels über die Waffeln streuen ...

25 ... und diese anschließend servieren.

26 **Serviervorschlag 2:** 1 Becher Sahne steif schlagen.

Sahnewaffeln

27 1 bis 2 Esslöffel Zucker über die frischen oder aufgetauten Beeren geben, ...

28 ... gut vermengen, ...

29 ... alles zur geschlagenen Sahne geben ...

30 ... und vorsichtig unterheben.

31 1 bis 2 Esslöffel Fruchtsahne auf eine Waffel geben.

32 Die Fruchtsahne kann auch auf der Waffel verteilt werden. So können die Waffeln serviert werden.

Besser mit Brigg Pädagogik!
Praktisches Lernen leicht gemacht!

M. Nader Asfahani/Margitta Bründel

„Tischlein deck dich" nach Fotos

Band 1: Grundlagenwissen rund um den Esstisch und die Küche

64 S., DIN A4, farbig, mit CD-ROM, Spiralbindung
Best.-Nr. 520

Band 2: Leichte und schnell vorbereitete Alltagsrezepte

64 S., DIN A4, farbig, mit CD-ROM, Spiralbindung
Best.-Nr. 532

Band 3: Einfache Kuchen und Torten – Backen in der Förderschule

84 S., DIN A4, farbig, mit CD-ROM, Spiralbindung
Best.-Nr. 700

Otto Mayr

Beruf und Berufsfindung

Ausbildung – Betriebspraktikum – Bewerbungstraining

156 S., DIN A4, mit Kopiervorlagen
Best.-Nr. 277

Das **perfekte Hauswirtschaftsmaterial für Förderlehrkräfte**! Der **erste Band** der Reihe zeigt anhand aussagekräftiger Bilder das Tischdecken, das sichere Arbeiten in der Küche, das richtige Aufbewahren, Zutatenschneiden und Gelingen der Rezepte ohne Anbrennen und Überkochen. Der **zweite Band** bietet viele Rezepte, die Schritt für Schritt in Fotos aufzeigen, wie einfache Alltagsgerichte zubereitet werden. Der **dritte Band** bietet Wissenswertes zum Thema Backen sowie leicht umzusetzende Backrezepte in kleinschrittigen Farbfotos.

Praxisgerechte Kopiervorlagen, die Jugendlichen helfen, ihre Neigungen und Fähigkeiten herauszufinden. Der Band bietet Infos zu neuen Ausbildungsberufen – auch für lernschwächere Schüler/-innen. Wichtige Themen wie z. B. das Jugendarbeitsschutzgesetz werden behandelt und weiterführende Materialien u. a. für das **Betriebspraktikum** mitgeliefert. Mit Beispielen zu Bewerbungsschreiben und einem erprobten Bewerbungstraining.

Weitere Infos, Leseproben und Inhaltsverzeichnisse unter
www.brigg-paedagogik.de

Bestellcoupon

Ja, bitte senden Sie mir/uns mit Rechnung

_____ Expl. Best.-Nr. _____
_____ Expl. Best.-Nr. _____
_____ Expl. Best.-Nr. _____
_____ Expl. Best.-Nr. _____

Meine Anschrift lautet:

Name / Vorname

Straße

PLZ / Ort

E-Mail

Datum/Unterschrift   Telefon (für Rückfragen)

Bitte kopieren und einsenden/faxen an:

Brigg Pädagogik Verlag GmbH
zu Hd. Herrn Franz-Josef Büchler
Zusamstr. 5
86165 Augsburg

☐ Ja, bitte schicken Sie mir Ihren Gesamtkatalog zu.

Bequem bestellen per Telefon/Fax:
Tel.: 0821/45 54 94-17
Fax: 0821/45 54 94-19
Online: www.brigg-paedagogik.de

Besser mit Brigg Pädagogik!
Praxiserprobte Unterrichtsanregungen für effektives, nachhaltiges Lernen!

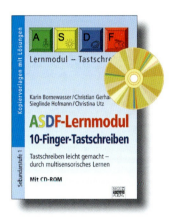   

Karin Bornewasser/Christian Gerhart/
Sieglinde Hofmann/Christina Utz

ASDF-Lernmodul
10-Finger-Tastschreiben leicht gemacht – durch multisensorisches Lernen

104 S., DIN A4, farbig
Kopiervorlagen mit Lösungen
und **CD-ROM**
Best.-Nr. 423

Mit dem ASDF-Lernmodul lernen Schüler, **stressfrei und erfolgreich** mit zehn Fingern zu schreiben. Das Lernmodul umfasst 16 Einheiten zu je 45 Minuten. Übungsstunden und Leistungsnachweise sind optional geplant und ermöglichen dadurch einen flexiblen Unterricht.

Karin Bornewasser/Christian Gerhart/
Sieglinde Hofmann/Christina Utz

Arbeitsheft ASDF-Lernmodul
Schülerheft mit Übungseinheiten zum Erlernen des Tastschreibens

56 S., DIN A4,
Arbeitsheft
Best.-Nr. 673

Dieses **neue Schülerheft** zum beliebten Lehrgang „ASDF-Lernmodul" zum Erlernen des Tastschreibens am Computer mit allen Sinnen ist die perfekte Ergänzung zur Lehrerhandreichung. Es bietet eine **Vielzahl von Übungseinheiten**, die von den Schülern zu Hause oder auch in der Schule in Eigenregie erledigt werden können. Zur Selbstkontrolle sind Lösungen beigefügt.

Sebastian Freudenberger

Einführung in HTML – Praxishilfe für den Unterricht
Aufbau, Programmierung und Veröffentlichung von Internetseiten in der Sekundarstufe

76 S., DIN A4,
Kopiervorlagen mit Lösungen und CD-ROM
Best.-Nr. 518

Eine **leicht verständliche Einführung** mit Hintergrundwissen, vielen Arbeitsmaterialien und konkreten Unterrichtsanregungen. Auch fachfremd unterrichtende Lehrkräfte bereiten ihre Informatikstunden mit dieser Unterrichtshilfe zeitsparend vor. Der Band bietet eine umfassende Darstellung der wichtigsten HTML-Tags und ihres Einsatzes.

Stefan Spohn

Excel exzellent für Lehrer
Mit automatischen Tabellen den Schulalltag steuern und verwalten

212 S., DIN A4,
Praxishilfe mit CD-ROM
Best.-Nr. 364

Dieser Band vermittelt Schritt für Schritt das notwendige Know-how, z. B. zum Erstellen von Klassenlisten und Stundenplänen oder der Auswertung von Schülerleistungen. Die auf der **CD-ROM** beigefügten Vorlagen können schnell und einfach dem persönlichen Bedarf angepasst werden.

Bestellcoupon

Ja, bitte senden Sie mir / uns mit Rechnung

_____ Expl. Best.-Nr. _____

_____ Expl. Best.-Nr. _____

_____ Expl. Best.-Nr. _____

_____ Expl. Best.-Nr. _____

Meine Anschrift lautet:

Name / Vorname

Straße

PLZ / Ort

E-Mail

Datum/Unterschrift   Telefon (für Rückfragen)

Bitte kopieren und einsenden/faxen an:

**Brigg Pädagogik Verlag GmbH
zu Hd. Herrn Franz-Josef Büchler
Zusamstr. 5
86165 Augsburg**

☐ Ja, bitte schicken Sie mir Ihren Gesamtkatalog zu.

Bequem bestellen per Telefon / Fax:
Tel.: 0821 / 45 54 94-17
Fax: 0821 / 45 54 94-19
Online: www.brigg-paedagogik.de

Besser mit Brigg Pädagogik!
Effektive Materialien zum Thema Lern- und Sozialkompetenz!

Renate Potzmann

Methodenkompetenz und Lernorganisation

Planvolles Lernen und Arbeiten in der Schule und zu Hause

140 S., DIN A4,
mit Kopiervorlagen
Best.-Nr. 263

Mit zahlreichen, in sich **abgeschlossenen Trainingsvorlagen** und Übungen zu Lernorganisation, Informationsbeschaffung, -aufbereitung und -verarbeitung, Arbeits-, Zeit- und Lernplanung in allen Fächern.

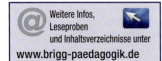

Christa Koppensteiner

Wie Lernen funktioniert

Strategien und Methoden zum besseren Lernen

208 S., DIN A4,
Kopiervorlagen mit Lösungen
Best.-Nr. 264

89 Lerntipps und erprobte Kopiervorlagen helfen Ihnen, erfolgreich auf individuelle Lernprobleme Ihrer Schüler/-innen zu reagieren. Die Jugendlichen erfahren, wie man schwierige Texte verständlich aufbereitet oder wie man sich möglichst viele Informationen merkt.

Die Themen:
- Motivation
- Prüfungsvorbereitung und Prüfungsangst
- Gestaltung von Hefteinträgen
- Steigerung der Merkfähigkeit
u. v. m.

Jochen Korte

Höflich währt am längsten!

Gezielte Maßnahmen und Schulaktionen zur nachhaltigen Verbesserung der Sozialkompetenz

128 S., DIN A4
Ideen für die Praxis
Best.-Nr. 387

Dieser Band liefert außergewöhnliche, aber höchst effektive Vorschläge für **Projekte und Schulaktionen**, um das Verhalten der Schüler/-innen zu verbessern und in gewünschter Weise zu steuern. Nach einer kurzen Einführung in das Thema machen **konkrete Stundenentwürfe** mit Schritt-für-Schritt-Anleitungen die Umsetzung von Aktionen leicht. Mit Projektskizzen, Arbeitsmaterial, Kopiervorlagen und vier ausführlichen Praxisbeispielen!

Doris Astleitner / Elisabeth Krassnig / Gabriele Wehlend

Lern- und Arbeitstechniken im Deutschunterricht

Schritt für Schritt Lernkompetenz entwickeln

5. Klasse

124 S., DIN A4,
Kopiervorlagen
mit Lösungen
Best.-Nr. 272

6. Klasse

104 S., DIN A4
Kopiervorlagen
mit Lösungen
Best.-Nr. 323

Mit den beiden Bänden führen Sie Ihre Schüler/-innen gezielt an das selbstständige Lernen heran, bieten ihnen **verschiedene Arbeitstechniken** an und fördern die mündliche Ausdruckssicherheit. Die Themen stammen aus dem Lebensumfeld der Kinder. Beide Bände enthalten sogenannte „Feedback-Bögen" zur Kontrolle des Lernfortschritts der Schüler/-innen.

Bestellcoupon

Ja, bitte senden Sie mir / uns mit Rechnung

_____ Expl. Best.-Nr. _____

_____ Expl. Best.-Nr. _____

_____ Expl. Best.-Nr. _____

_____ Expl. Best.-Nr. _____

Meine Anschrift lautet:

Name / Vorname

Straße

PLZ / Ort

E-Mail

Datum/Unterschrift   Telefon (für Rückfragen)

Bitte kopieren und einsenden/faxen an:

**Brigg Pädagogik Verlag GmbH
zu Hd. Herrn Franz-Josef Büchler
Zusamstr. 5
86165 Augsburg**

☐ Ja, bitte schicken Sie mir Ihren Gesamtkatalog zu.

Bequem bestellen per Telefon / Fax:
Tel.: 0821 / 45 54 94-17
Fax: 0821 / 45 54 94-19
Online: www.brigg-paedagogik.de